PLAN,

COUPE, ÉLÉVATION ET DÉTAILS

D'UNE BERGERIE,

EXÉCUTÉE A LA CELLE-SAINT-CLOUD,

PRÈS VERSAILLES,

Département de Seine-et-Oise ;

PAR M. LE VICOMTE DE MOREL (VINDÉ),

PAIR DE FRANCE;

Correspondant de la première Classe de l'Institut ; membre des Sociétés d'Agriculture de Paris et de Versailles ; correspondant des Sociétés d'Agriculture de Toulouse, Lille , Caen , Liége, etc.

A PARIS,

Chez A. L. LUSSON , Architecte , rue Neuve-de-Seine , N°. 79.

DE L'IMPRIMERIE DE DOUBLET.

1819.

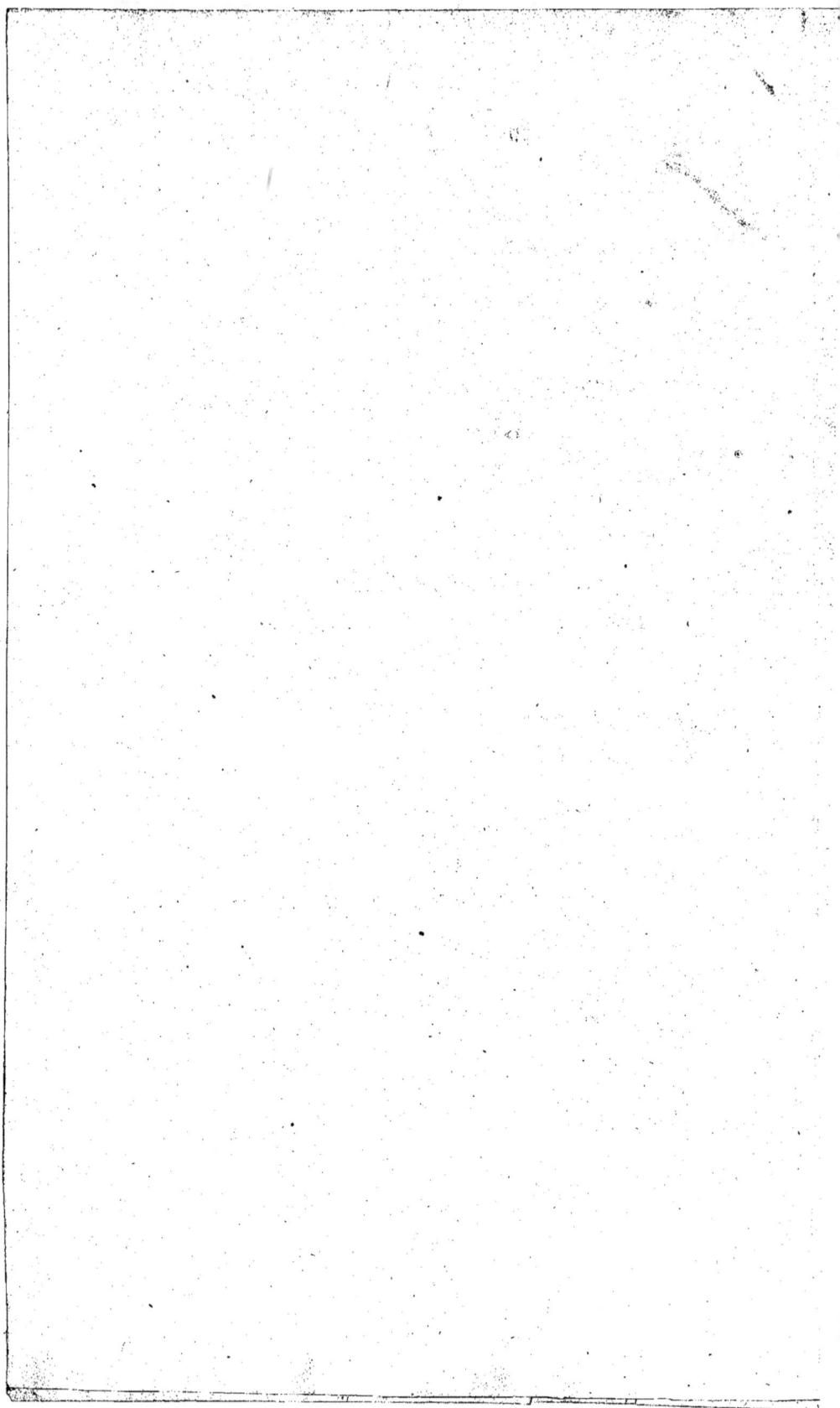

NOTICE

Sur la Bergerie de l'Etablissement de la Celle-St.-Cloud.

L'objet que le propriétaire s'est proposé en faisant construire cette bergerie, a été qu'elle pût servir de modèle de la meilleure bergerie faite au plus bas prix possible.

Il est parti des données suivantes, que sa longue expérience lui a fait reconnaître :

1°. Que chaque brebis portière devait, pour être à son aise, occuper avec son agneau, 10 pieds (ou 1 mètre 6 centimètres) de superficie.

2°. Que chaque bête adulte devait occuper seule et sans agneau, 6 pieds (ou 0 m. 63 c.) de superficie.

3°. Que le développement des râteliers devait donner à chaque adulte femelle, 12 pouces (ou 0 m. 33 c.) de place au râtelier, et 15 pouces (ou 0 m. 41 c.) à chaque adulte mâle.

4°. Que les râteliers devaient être mobiles, et dans la forme déjà publiée par le propriétaire, qui la représente de nouveau sur les plans ci-joints. (Il les a fait établir au prix de 12 francs la toise courante, ou 6 francs le mètre.) Voyez le détail de ces râteliers à la note qui termine cette notice.

5°. Que jamais, dans aucun cas, une bergerie ne devait être couverte d'un grenier ; la santé des bêtes tient essentiellement à la grande élévation du lieu qu'elles habitent ; on ne doit se permettre au-dessus d'une bergerie que quelques sinots mobiles, et de place en place, pour la commodité de l'approvisionnement journalier.

C'est d'après ces bases qu'on a fait construire la bergerie dont les plans sont ci-joints, et qui réunit tous ces avantages à la plus extrême économie.

Elle a 30 pieds (ou 9 m. 75 c.) de large, et est divisée par fermes, distantes de dix pieds (ou 3 m. 25 c.) les unes des autres ; l'espace entre chaque ferme étant ainsi de 30 pieds sur 10 pieds (ou 9 m. 75 c. sur 3 m. 25 c.), donne 300 pieds (ou 31 m. 69 c.) de superficie, propre, soit à trente portières avec agneaux, soit à cinquante adultes sans agneaux ; ainsi il ne s'agit que d'augmenter le nombre des fermes pour augmenter la bergerie dans la proportion nécessaire.

Celle dont le plan est ci-joint a huit fermes pareilles, dont deux font pignons, et six sont intérieures. L'espace entre ces huit fermes étant de 70 pieds (22 m. 75 c.), et la largeur du tout, de 30 pieds (9 m. 75 c.), il en résulte 2100 pieds (221 m. 81 c.) de superficie, c'est-à-dire, espace suffisant pour deux cent dix portières, ou trois cent cinquante adultes non portières. Le développement des râteliers étant de 370 pieds (ou 120 m. 25 c.), donne une étendue plus que suffisante pour tous les cas.

Toutes ces fermes ou travées ne sont construites qu'en bois de toutes natures, et elles sont combinées de manière qu'il n'y a nulle part un morceau de bois de plus de 10 pieds (3 m. 25 c.) de long, sur 6 pouces (0 m. 16 c.) d'écarissage ; le bois dans ces dimensions ne coûte pas plus que le bois à brûler.

Les parties closes des costières et pignons ne sont mûrées qu'avec des bâtons fixés avec des rapointis, lattés à très-claire voye, et baugés en torchis, enduit de plâtre ou de mortier de chaux.

Deux œils-de-bœuf sont ménagés dans le haut du remplissage des deux pignons, et restent toujours ouverts.

Des jours ménagés tout au pourtour se ferment, à volonté, par des volets à coulisse en bois blanc.

Les poteaux sont fondés sur des dez de pierre à l'intérieur, et dans tout le pourtour, sur un petit parpin en maçonnerie de 15 pouces (0 m. 43 c.) d'élévation en tout, savoir : 9 pouces (0 m. 25 c.) en terre, six pouces (0 m. 16 c.) hors de terre.

Le toît, couvert en tuile, est surbaissé de 5 pieds (1 m. 62 c.), c'est-à-dire d'un tiers du carré.

Malgré sa légéreté, ce toît est éminemment solide, parce que dans tous les points le faîtage et les pannes sont toujours soutenus par des bois debout.

RATELIERS.
EXPLICATION DE LA PLANCHE.

Le râtelier se compose de deux assemblages en chêne et pareils, placés à chaque extrémité ; une seule barre en chêne les réunit en haut et par devant.

Les pièces numérotées 1, 2, 3, 4, 5, 6, ainsi que la barre numérotée 7, sont des morceaux de chêne de 2 pouces (0 m. 5 c.) carrés, dressés à la varlope.

Elles s'assemblent toutes à tenons et mortaises, sauf aux deux points de rencontre AA, où elles sont entaillées à demi-bois.

Dans le point B, le tenon et la mortaise sont taillés en gousset.

Les trois planches qui forment l'auge sont en bois blanc ; les rouleaux des râteliers s'implantent du bas dans la large planche formant le derrière de l'auge, et du haut dans la traverse en chêne. Ces rouleaux, ayant un peu de renflement au milieu, en forme de fuseau, tiennent très-solidement.

On peut voir, dans le plan en perspective, comment on suspend ces râteliers à des chevilles de bois scellées dans les murs.

Ils deviennent doubliers à volonté, en les suspendant dos à dos à des poteaux ou à de minces cloisons.

Beaucoup d'agriculteurs ayant désiré se procurer les plans de cette bergerie, le propriétaire a consenti à ce qu'ils fussent levés et publiés par M. Lusson, architecte, demeurant rue Neuve de Seine, n°. 79, à Paris, à qui il a donné avec empressement cette marque de son estime et de sa confiance.

2

DÉTAIL ESTIMATIF DE LA BERGERIE.

Afin de simplifier notre travail, nous avons formé des colonnes dans lesquelles sont portées les longueurs totales, les largeurs, hauteurs, les cubes ou superficies, les prix des divers ouvrages, et les sommes.

Nota. Les prix varient suivant les pays; mais les cubes et superficies étant toujours les mêmes, au moyen de nos colonnes il sera facile de se rendre compte de la dépense, suivant l'augmentation ou la diminution des prix.

On emploiera les matériaux les plus communs du pays, cette construction demandant à être exécutée le plus économiquement possible.

Notre travail est fait suivant les nouvelles mesures, et les prix sont ceux de Paris.

ARTICLE PREMIER.
TERRASSE.

	longueur totale.	largeur.	hauteur.	cube.	prix.	sommes particulières.	sommes générales.
Fouille et déblais roulé à un relais pour la fondation du mur sous le pan de bois :							
Les deux grands côtés de ch. 22 m.75 c. ensemble. . . 45. 50. / Les deux petits côtés de ch. 9 m.75 c. ensemble. . . . 19.50. } 65.00 ci.	m. c. 65 00	m. c. 0 70	m. c. 0 25	m. c. 11 38			
Idem, pour les douze dez sous les poteaux intérieurs de chacun, 0 50, et ensemble.	6 00	0 70	0 25	1 05			
Cube total des déblais.				m. c. 12 43	f. c. 1 00	f. c. 12 43 de terrasse.	f. c. 12 43

ARTICLE DEUXIÈME.
MAÇONNERIE. — FONDATION.

	longueur totale.	largeur.	hauteur.	cube.			
Le mur en moellon sous le pan de bois.							
Longueur des deux grands côtés de ch. 22 m.75 c. ensemble.45.50. / Longueur des deux petits côtés de ch. 9. m. 95 c. ensemble. 19.50. } 65.00.							
A déduire :							
26 dez de chacun . . . . 0 m. 32. c. / Nombre. . . . . 26. c. } 8.32.							
Total de la maçonnerie en moellon pour fondation. . . . . . . 56. 68. ci.	m. c. 56 68	m. c. 0 32	m. c. 0 41	m. c. 7 44	f. c. 17 00	f. c. 126 48	

PIERRE DE TAILLE.

	longueur totale.	largeur.	hauteur.	cube.			
38 dez sous les poteaux, compris les 26 dans l'épaisseur du mur de chacun, 0, 52 c. et ensemble.	12 16	0 32	0 41	1 60	100 00	100 60	

TAILLE DE LA PIERRE.
Parement rustique.

	longueur totale.	hauteur.	superficie.				
Les paremens des 38 dez de chacun 1 m. 28 c. de pourtour, ensemble.	m. c. 48 64	m. c. 0 41	m. c. 19 94	f. c. 3 50	f. c. 69 79		

PAN DE BOIS.
En élévation.

	longueur totale.	largeur.	hauteur.				
Le pan de bois hourdé et crépis des deux côtés à fleur des sablières et principaux poteaux; compris lattes, clous, etc.; depuis la sablière basse jusqu'à celle au-dessous des jours.							
Longueur pourtournée des quatre faces; déduction faite des portes et poteaux, ci.	56 94	1 60	91 10				
Les deux pignons. Largeur, 8 m. 79 c.; déduction faite des poteaux, et pour les deux faces.	17 58	1 70	29 89				
Total des légers ouvrages.			m. c. 140 93	f. c. 3 00	f. c. 422 79		
					f. c. 719 66 de maçonnerie.	f. c. 719 66	
A reporter.							f. c. 732 09

	longueur totale.	grosseurs.		cube.	prix.	sommes particulières.	sommes générales.
Report.				. . . .	. . . .	. . . .	f. c. 732 9

ARTICLE TROISIÈME.

CHARPENTE EN BOIS DE SAPIN ET DE PEUPLIER, etc.

Composée de huit fermes ; compris celle des deux pignons ,

Savoir :

	longueur totale	grosseurs		cube	prix	sommes particulières	sommes générales
	m. c.	m. c.	m. c.	m. c.			
8 entraits , en trois morceaux , de chacun 9 m. 75 c. , et ensemble de.	78 00	0 14	0 16	1 75			
48 liens sous les entraits de chacun. 0 m. 85 c. et ensemble de.	40 48	0 08	0 11	0 36			
16 grands poteaux, montant de fond et soutenant les pannes, de chacun 4 m. 70 c. et ensemble de.	75 20	0 16	0 16	1 93			
32 contrefiches pour maintenir les dits ,au-dessus des entraits de chacun , 1 m. 20 c., et ensemble de.	38 40	0 11	0 11	0 46			
16 poteaux aux extrémités des fermes dans le pan de bois, de chacun 2 m. 55 c., et ensemble de. . .	40 80	0 16	0 16	1 04			
16 poteaux sous les pannes , de chacun 1 m. 20 c. et ensemble de.	19 20	0 14	0 16	0 43			
32 contrefiches pour les maintenir, de chacune 0 m. 90 c., et ensemble de.	28 80	0 11	0 11	0 35			
8 poinçons , de chacun 3 m. 41 c., et ensemble de.	27 28	0 14	0 16	0 61			
16 contre-fiches, de chacune 1 m. 50 c., et ensemble de.	24 00	0 11	0 12	0 32			
Le cours de faitage en sept morceaux, de chacun 3 m. 25 c., et ensemble de.	22 75	0 16	0 16	0 58			
14 liens au-dessous, de chacun 0 m. 90 c., et ensemble de.	12 60	0 08	0 11	0 11			
Les quatre cours de pannes en sept morceaux (elles sont entaillées à moitié bois et assemblées à chapeau sur les poteaux et clouées), et de chacun 3 m. 50 c., et ensemble de.	98 60	0 15	0 16	2 35			
14 entretoises de chacun 3 m. 25 c., et ensemble de.	45 50	0 13	0 14	0 85			
28 liens au-dessous, de chacun 0 m. 95 c., et ensemble de.	26 60	0 08	0 11	0 23			
14 sablières pour les deux côtés, de chacune 3 m. 25 c., et ensemble.	45 50	0 14	0 16	1 02			
20 sablières au-dessous des jours des quatre faces, de chacune 3 m. 25 c., et ensemble de.	65 00	0 13	0 16	1 35			
17 sablières basses, non compris celles de la face, de chacune 3 m. 25 c., et ensemble de.	52 25	0 14	0 16	1 17			
6 sablières basses sur la face, de chacune 1 m. 85 c., et ensemble de.	11 10	0 14	0 16	0 25			
6 poteaux des portes, de chacun 1 m. 84 c., et ensemble de.	11 04	0 14	0 16	0 25			
68 poteaux en remplissage dans le pourtour du pan de bois , de chacun 1 m. 60 c., et ensemble de.	108 80	0 07	0 11	0 84			
24 poteaux, idem , dans les deux pignons , de chacun 1 m. 80 c., réduit, et ensemble de.	43 20	0 08	0 11	0 38			
114 chevrons , de chacun 6. m. 65 c., et ensemble de.	758 10	0 08	0 11	6 65			
Cube. Total de la charpente.				m. c. 23 26	fr. c. 80 00	f. c. 1860 80 de charpente.	f. c. 1860 80

| A reporter. . . . . | | | | | | | f. c. 2592 89 |

				prix.	sommes particulières.	sommes générales.
Report.				. . . .	. . . . . .	f. c. 2592 89

ARTICLE QUATRIÈME.

COUVERTURE EN TUILE.

	longueur.	largeur.	superficie.			
La couverture du comble en tuile, de 23 m. 60 c. de longueur, sur 14 m. 0 c. de largeur pourtournée, compris égout et faîtage, ci	m. c. 23 00	m. c. 14 00	m. c. 329 50	f. c. 4 50	f. c. 1480 50 de couverture.	1480 50

ARTICLE CINQUIÈME.

MENUISERIE.

	longueur totale.	hauteur.	superficie.			
Trois portes pleines en sapin emboîtées, haut et bas, en chêne, de 35 millimètres d'épaisseur, de chacune 1 m. 35 c. de largeur et ensemble de	m. c. 4 05	m. c. 2 12	m. c. 8 58	6 00	51 48	
Vingt volets à coulisses en sapin emboîtés, haut et bas, de 15 millimètres d'épaisseur et de chacun 1 m. 65 c. de largeur, et ensemble de.	33 00	0 58	19 14	5 50	105 27	
Vingt idem, dormant de 10 millimètres d'épaisseur et de chacun 1 m. 60 c. de largeur, et ensemble de.	32 00	0 64	20 48	5 00	102 40	
Quarante coulisses, hautes et basses, de 20 millimètres d'épaisseur et 47 millimètres de haut, et de chacune 3 m. 20 c. de longueur, produit en mètre linéaire. 128 00				f. c. 0 50	64 00	
					f. c. 323 15 de menuiserie.	323 15

ARTICLE SIXIÈME.

SERRURERIE.

	longueur totale.	largeur.	épaisseur.	poids.			
Huit équerres pour lier les sablières basses et hautes des 4 angles, de chacune 0 m. 80 c., de développement, et ensemble de	6 0	0 05	0 01	kilo. 2 50	1 00	f. c. 2 50	
Pour la ferrure des trois portes, 12 pentures et leurs gonds, estimés, y compris clous et pose, ci.					. . . .	48 00	
Les trois serrures estimées, y compris les gâches, ci.					. . . .	22 50	
						f. c. 73 00 de serrurerie.	73 00

ARTICLE SEPTIÈME.

PEINTURE A L'HUILE A DEUX COUCHES.

	longueur totale.	hauteur.	superficie.			
Les trois portes pleines imprimées des deux côtés, de chacune 1 m. 35 c. de largeur, et ensemble de.	m. 8 10	m. c. 2 20	m. c. 17 82			
Vingt volets à coulisses, imprimées des deux côtés, de chacune 1 m. 65 c. de largeur, et ensemble de.	66 00	0 58	38 28			
Vingt chassis dormans, de chacun 1 m. 60 c. de largeur, pour les deux côtés, et ensemble de.	64 00	0 58	37 12			
Quarante coulisses, hautes et basses, de chacune 3 m. 20 c. de longueur, et ensemble de.	128 00	0 08	10 24			
Superficie totale de peinture.			m. c. 103 40	f. c. 1 00	f. c. 1 00 de peinture.	103 40
				Total général.		f. c. 4572 92

Nota. Si l'on voulait augmenter ou diminuer le nombre des travées il serait facile de s'en rendre compte, chaque travée revenant à 573 fr. 60 c. qu'il faudrait ajouter ou retrancher.

Elévation.

Plan.

Coupe.

Echelle de ... Pieds.

Echelle de ... Mètres.

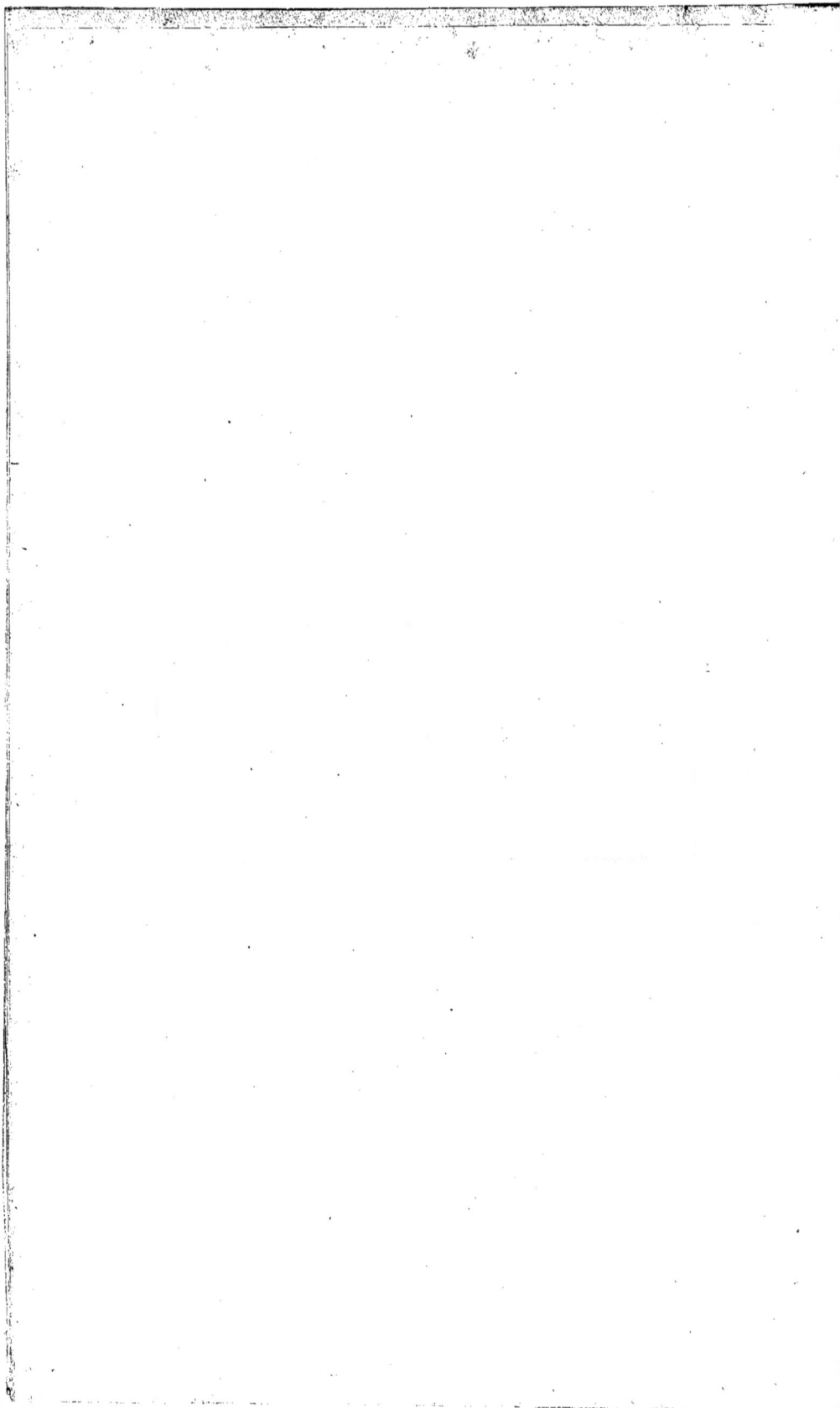

Deux Rabliers réunis et vus en perspective.

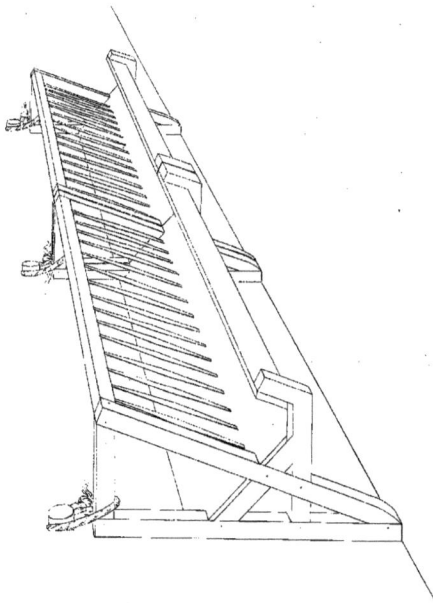

Elévation d'un Rabôir mobile.

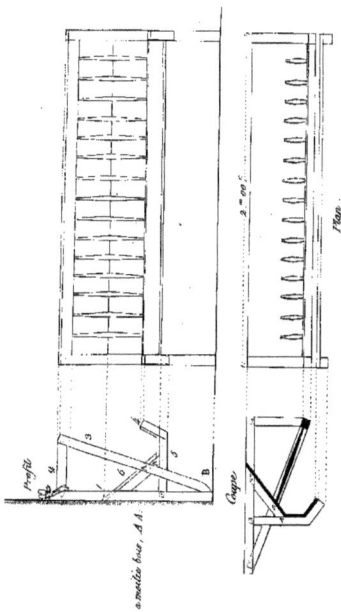

Profil

a moitié haut. AA.

Coupe.

Plan.

Echelle de

Echelle de

Pieds.

Mètre.

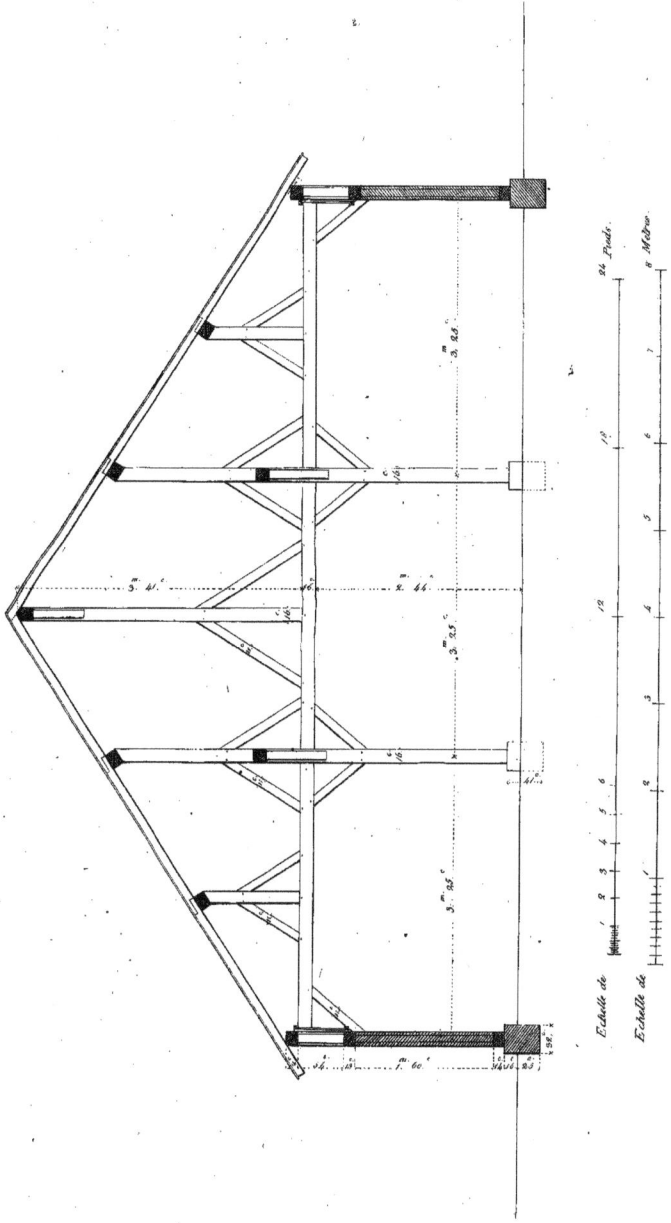

Coupe en grand sur la longueur.

Echelle de
Echelle de

Elevation Latérale.

Coupe sur la Longueur.

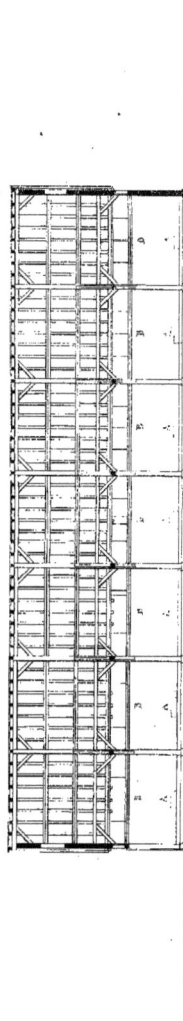

A.A. Jours pour établir un courant d'air au niveau du sol.

B.B. Chassis à coulisse pour éclairer la Bergerie.

Echelle de 1 2 3 4 5 6 7 8 Mètres

Echelle de 5 6 9 12 15 18 Pieds

www.ingramcontent.com/pod-product-compliance
Lightning Source LLC
Chambersburg PA
CBHW061816040426
42447CB00011B/2677